[illegible] BERNARD BRUNHES

[illegible]ILLE BLANCHE

[illegible]ement et

[illegible] Droit de propriété

[illegible] *Revue de Fribourg* DE MARS ET AVRIL 1905

FRIBOURG (SUISSE)

[illegible] ŒUVRE DE SAINT-PAUL

PARIS : BLOUD et Cie, 4, rue Madame.
[illegible], Ve [illegible], 20, rue de la Corraterie.
[illegible] : PAYOT, 1, rue du Bourg.
[illegible] ATTINGER, rue Saint-Honoré.
[illegible] CHAPUIS, rue de la [illegible]gne.

1905.

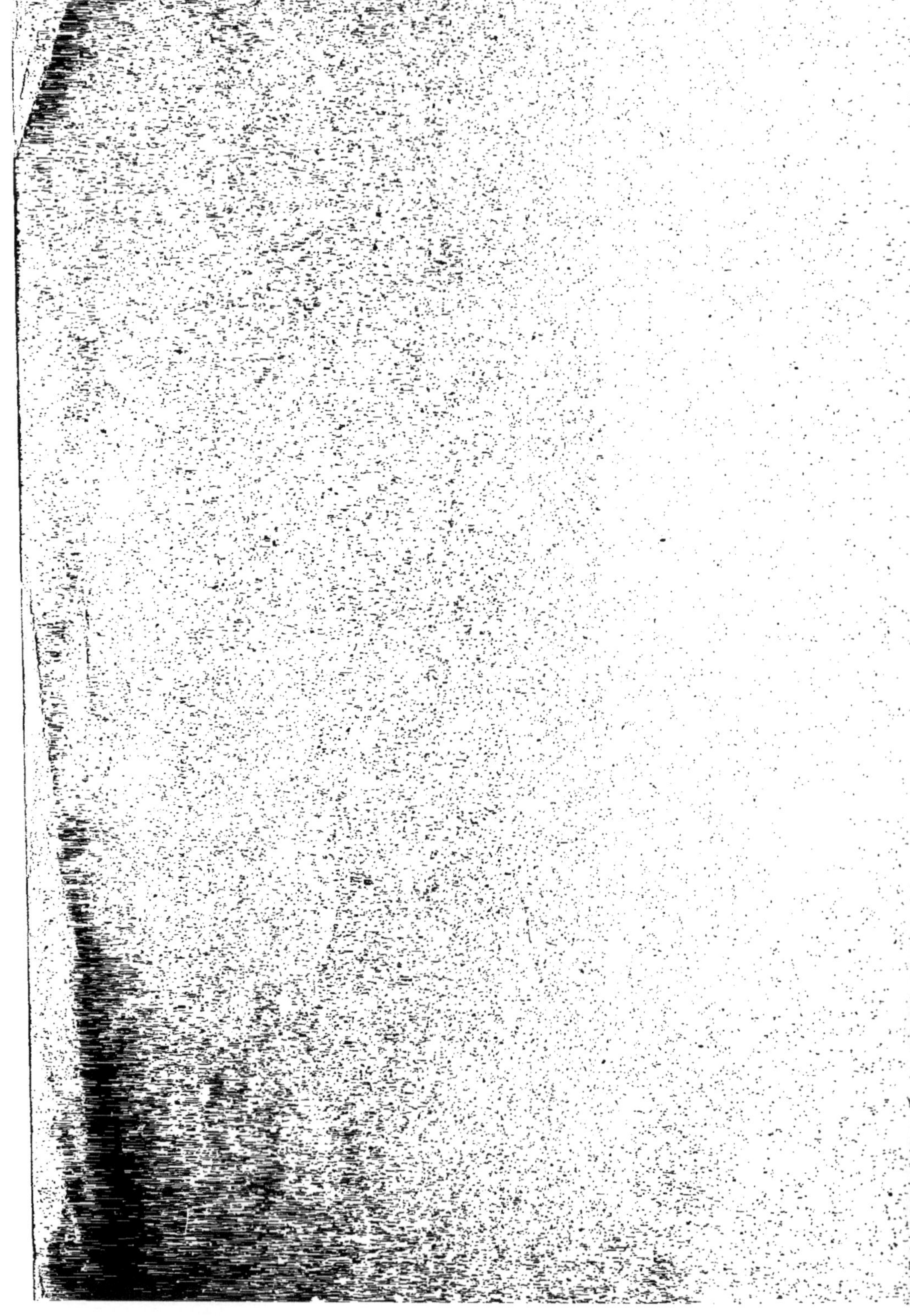

HOUILLE BLANCHE, DÉBOISEMENT ET DROIT DE PROPRIÉTÉ [1]

Depuis plusieurs années déjà je m'occupe des problèmes que soulève l'utilisation des richesses hydro-électriques de la France. J'ai commencé par aborder ces problèmes en physicien : je n'ai pas tardé à voir l'étroite liaison qui existe, en une matière aussi complexe, entre les questions de science pure et les questions de législation : et je me suis laissé entraîner à des incursions sur le domaine juridique. J'ai trouvé, à ces incursions, le plus vif plaisir personnel : les études de M. Bougault, que j'ai suivies avec une attention ininterrompue dans l'excellente Revue *La Houille Blanche* [2], m'ont charmé par cette association de l'esprit de logique déductive et du sens des réalités, qui vivifie le droit comme la science expérimentale. Je

[1] On sait avec quel intérêt et quelle ardeur on discute en Suisse toutes les questions qui touchent au droit d'appropriation et d'exploitation des chutes d'eau. Les mêmes problèmes ont été mis à l'ordre du jour, en France, par la même cause scientifique et économique, à savoir le développement de l'industrie hydro-électrique, qui a pris naissance en France, et s'est étendue ensuite, à la Suisse, à l'Italie, et à l'Autriche, etc. Comment l'on envisage et surtout comment l'on doit envisager les solutions à préconiser dans ce pays voisin, c'est ce que M. Bernard Brunhes, professeur à l'Université de Clermont-Ferrand et Directeur de l'Observatoire du Puy de Dôme, a été invité à exposer devant la *Société populaire d'Économie sociale* de Lyon, le 11 février dernier : il a bien voulu rédiger sa conférence pour la *Revue de Fribourg*. LA RÉDACTION.

[2] *La Houille Blanche*, revue générale des forces hydro-électriques et de leurs applications. Gratier et Rey, éditeurs, Grenoble.

m'efforcerai de ne pas encourir le reproche que l'éminent avocat adressait à certains ingénieurs, de parler de choses qu'ils ignorent; et en tous les cas, je n'ai pas la prétention de faire la leçon à des professionnels. Je prétends seulement apporter des réflexions qui peuvent, à leur tour, faire réfléchir.

L'intervention de personnes qui, n'étant pas du métier, abordent un problème avec d'autres manières de penser que ceux dont c'est l'occupation journalière, peut d'ailleurs, en certains cas, n'être pas sans intérêt. C'est au moins ce qu'ont bien voulu me dire, soit dans des correspondances personnelles, soit dans des écrits publics, d'éminents fonctionnaires de l'Administration des Eaux et Forêts après que, dans un Congrès tenu à Toulouse, en 1903 [1], j'ai repris, en les appliquant au problème connexe et si capital du reboisement de nos montagnes, les idées que j'avais exposées deux ans plus tôt dans un article de la *Quinzaine* [2], au sujet de la *Houille Blanche*.

Ma thèse fondamentale est celle-ci : la conception du droit absolu de propriété, qui imprègne notre Code civil et nos lois françaises, nous a mis, dans l'exploitation de nos richesses hydrauliques et dans l'œuvre de conservation et de restauration de nos terrains de montagne, en retard sur les peuples qui, autour de nous, se sont inspirés d'une conception moins absolue, et pour tout dire, plus chrétienne du droit de propriété. C'est notre conception absolue du droit de propriété qui nous a fait perdre l'avance que nous devions, dans l'industrie hydro-électrique, à l'initiative de ces ingénieurs français qui ont fait du Dauphiné une province unique au monde. C'est

[1] *Le Second Congrès du Sud-Ouest navigable*, tenu à Toulouse en mai et juin 1903. *Compte-rendu des travaux*. — Toulouse : Edouard Privat, 1904 (p. 419-425).

[2] *La Quinzaine* du 1er mars 1901, p. 96-129.

elle encore qui compromet notre domaine forestier, alors que nos œuvres de reboisement, accomplies par une Administration ingénieuse et active ont mérité d'être souvent louées et imitées.

I

La dégradation de l'énergie et le droit d'abus.

Si quelques-uns donnent, de leur préférence pour « la houille blanche » sur la houille noire, des raisons d'ordre économique, d'ordre hygiénique, et je pourrais dire, d'ordre esthétique, le physicien apporte à l'appui de son sentiment une raison plus profonde. La combustion du charbon précipite et accélère la *dégradation de l'énergie* dans notre univers. Le moulin à eau ou à vent ne consomme que le revenu que la nature nous fournit, sans toucher au capital, que la machine à vapeur attaque. Trop longtemps on a vécu, sur une vulgarisation incomplète et partiale des résultats de la science de la chaleur, — sur l'idée, isolée et absolue, de la conservation de l'énergie, — sur la formule mensongère : « Rien ne se crée, rien ne se perd. » Quelque chose, à la vérité, se conserve dans le monde; mais quelque chose aussi se perd. Il y a sur ce mot *d'énergie* une déplorable équivoque. Imaginons qu'une vaste cage fermée renferme toutes sortes d'objets matériels, des machines, des foyers de chaleur, et en outre des animaux et des plantes. La paroi est assez isolante pour empêcher toute communication entre le dehors et le dedans : ni chaleur, ni lumière, ni mouvement ne peuvent entrer ou sortir. La matière, à l'intérieur de la cage, restera en quantité invariable. L'énergie, elle aussi, s'y conservera. Si, à l'intérieur de la cage, des combustions chimiques donnent de la chaleur ou de la lumière, si des moteurs fonctionnent, ces transformations de l'énergie n'en altèreront pas la quantité totale. Mais cette énergie, qui se maintient en quantité, ne se conserve pas en qualité. Elle a une tendance invincible à prendre les formes sous lesquelles elle est le moins utilisable. Les mouvements finissent par s'arrêter, par être transformés, grâce aux frottements et aux chocs, en énergie calorifique : la chaleur se déversera des corps les plus chauds sur les plus froids, et l'avenir de ce microcosme sera l'uniformité de température, l'arrêt de tout mouvement et de toute vie. Mort, il aura conservé la même quantité totale qu'au moment de son activité, de ce que le *physicien* appelle énergie ; mais non point la même quantité de ce que le public, en général, entend par ce mot d'énergie. L'énergie se sera conservée, mais dégradée. *L'énergie utilisable* se sera épuisée, et, perdue, ne reviendra pas.

De même, notre univers matériel, si on l'imagine soustrait à toute influence extérieure à lui, possède une somme invariable d'énergie totale, mais une somme d'énergie utilisable, c'est-à-dire de ce qui nous intéresse, qui va diminuant sans cesse. Le monde s'use. La périodicité des grands phénomènes ne doit pas nous donner l'illusion que, quand ils reviennent, rien n'est changé. L'univers matériel porte en lui un germe de mort.

En présence de cette dégradation, que peut l'être intelligent ? Il peut la précipiter par son imprévoyance ; il peut, non point l'arrêter, mais dans une certaine mesure, la ralentir, s'il a conscience de son rôle. L'arbre, soumis à la lumière solaire, extrait, de l'acide carbonique de l'air, le charbon qui pourra rendre de l'énergie en brûlant. Cette restauration partielle d'énergie utilisable exige l'action de la lumière du soleil, c'est-à-dire d'une source de chaleur à température très élevée ; et si l'on envisage l'ensemble du phénomène : chute des rayons solaires sur les feuilles, et décomposition de l'acide carbonique par la chlorophylle, il y a, au total comme toujours, dégradation d'énergie; seulement la dégradation est moindre qu'elle ne serait si l'arbre n'était là pour remplir son rôle. Arracher l'arbre, c'est accélérer la dégradation.

C'est l'accélérer encore que de puiser, sans compter, dans cette provision de charbon que les bouleversements géologiques ont mis en réserve dans les entrailles du globe, et qui ne se refait pas. Quand on l'aura épuisée, dans quelques siècles, il y aura sur notre globe, quelque chose de perdu et de perdu sans retour. Si, au contraire, nous ne regardons nos mines que comme un trésor de guerre où l'on ne touche qu'en cas de circonstance grave, et que nous n'aidions pas nous-mêmes à l'usure naturelle du monde, la dégradation, inéluctable, se poursuit avec une lenteur suffisante pour que nos descendants puissent compter sur de longs siècles de jouissance paisible et sage de notre monde.

Si c'est, par exemple, au vent, aux marées, ou aux torrents, que nous nous adressons, comme nos grands-pères le faisaient, pour mouvoir nos moulins et nos machines, nous attelons la nature à notre meule; nous la condamnons, comme eussent dit les Romains « à tourner la roue » et nous lui faisons dépenser à notre profit une énergie utilisable qui, sans être domptée par nous, eût été perdue tout de même, et qui non seulement n'eût pas été profitable, mais fût aisément devenue nuisible.

Ces idées commencent à nous devenir familières. Je crains que, longtemps, l'idée contraire et radicalement fausse, qu'après tout les choses s'arrangeront, quoi qu'il arrive, dans la nature; — qu'après l'incendie d'une forêt, rien n'est perdu, puisque dans le monde « rien ne se perd », — et que nous ne saurions détériorer un univers matériel disposé pour « l'ordre, la perpétuité et l'harmonie », — je crains que cette idée n'ait conduit à cette dégradation par l'homme, venant aggraver la dégradation naturelle, et n'ait fait du dominateur de la nature un maître imprévoyant et un conquérant barbare. La notion de la dégradation de l'énergie, qui est entrée désormais dans les programmes même de l'enseignement élémentaire, est une de celles qui sont le mieux faites pour inculquer à l'homme, vis-à-vis de l'univers matériel, la modération et la prévoyance, et pour lui suggérer cette règle, qu'il n'a pas le droit de faire de cet univers tout ce que lui inspire sa fantaisie ; qu'il n'a pas, vis-à-vis des richesses naturelles, *le droit d'abus*.

Est-ce donc « abuser » que de brûler du bois ! Non ; mais à la condition expresse que la quantité brûlée en un an sur la terre entière, jointe à la quantité exploitée comme bois d'œuvre, ne dépasse pas ce qu'il pousse de bois sur la terre dans une année. Brûler sans compter, couper en une semaine ce qui a mis des siècles pour pousser, sans être sûr de garantir aux jeunes pousses qu'on replante les siècles nécessaires pour grandir, c'est sacrifier au caprice présent l'intérêt des générations futures. M. Mélard a pu dire, au Congrès de sylviculture de 1900, que si l'on continuait, on manquerait dans 50 ans de bois d'œuvre dans le monde. C'est là une échéance redoutable, autrement rapprochée que celle de l'épuisement des mines de houille. Il faut donc enrayer, et promptement. C'est ce qu'on a compris en Allemagne, en Suisse, en Autriche, en Italie. C'est ce qu'en France on commence à comprendre, encore que notre législation reste aussi hostile aux formes de propriétés qui pourraient nous assurer des chênes séculaires qu'elle est indulgente au propriétaire qui abat le chêne séculaire ; et qu'elle limite étroitement dans la durée le pouvoir si despotique qu'elle laisse aux hommes sur les choses dans le présent.

Ces idées directrices ainsi exposées, je vais passer en revue l'état de la législation française comparée à celle de quelques autres nations, sur les trois points suivants : distribution de l'énergie électrique, création des usines hydro-électriques, défense des bassins fluviaux contre le déboisement et la dénudation. Sur chacun de ces points, je ne ferai pas une énumération complète des législations étrangères, ce qui serait beaucoup trop long : je me contenterai, dans chaque cas, de quelques exemples caractéristiques.

II

La législation des distributions d'énergie.

Avant d'aborder l'examen du projet de loi déposé sur les distributions d'énergie, rappelons quelques chiffres, destinés à prouver l'utilité nationale qu'il y a pour la France, indépendamment de toute autre considération, à mettre en valeur ses richesses hydrauliques, et à développer ses distributions d'énergie électrique. En 1896, la France a consommé, en chiffres ronds, 6,300,000 chevaux dont 4,200,000 pour les transports (chemins de fer et tramways) 800,000 pour les bateaux, et 1,300,000 pour les autres industries. D'autre part, elle a produit 30 millions de tonnes de houille et en a dépensé 41 millions, soit 11 millions empruntés à l'étranger, ce qui représente un tribut d'environ 150 millions de francs. Il faut, en effet, 6 à 7 tonnes de houille, en moyenne, pour entretenir une puissance d'un cheval, durant un an. Pour suppléer à ces 11 millions de tonnes de houille, il suffirait d'aménager 2 millions de chevaux hydrauliques. Les statistiques encore incertaines, fixent à 8 millions de chevaux la puissance hydraulique de nos cours d'eau, susceptibles d'être aménagés; en 1903, il y en avait 650,000 d'aménagés. Ces chiffres sont assez éloquents par eux-mêmes [1].

La question qui a été posée la première au législateur est celle de la *distribution* de l'énergie électrique. Elle a donné lieu à un projet de loi, rapporté par M. Guillain, le 8 février 1898, projet déposé à nouveau, à la nouvelle législature, par les ministres Barthou et Turrel, le 14 juin 1898, rapporté le 26 juin 1899 par M. A. Berthelot, et qui semble à la veille d'être adopté sans notable modification.

« Dans l'état actuel de la législation, dit M. Guillain dans son rapport, l'Administration ne peut donner aux transports d'énergie que des permissions de voirie, toujours révocables; aucune autorité, sauf le pouvoir législatif, n'a qualité ni pour consentir un bail d'occupation, un acte de concession qui donne à l'entrepreneur le minimum de sécurité nécessaire pour attirer des capitaux, ni pour lui imposer, en échange de cette sécurité et du bénéfice de l'occupation des voies publiques, certaines obligations envers le public. Encore moins est-il possible de donner aux ouvrages des entreprises de transport et de distribution d'énergie le caractère de travaux publics, le bénéfice de la déclaration d'utilité publique, si ce n'est par des lois d'espèce (comme celle du 8 juillet 1892). »

Ainsi, permission de voirie, émanant, suivant les cas, soit du Préfet, soit du Maire, pour faire passer un fil conducteur au-dessus d'une voie publique, mais permission

[1] On trouvera des détails plus complets sur ces questions, dans deux œuvres remarquables qui sont entre les mains de quiconque s'occupe des chutes d'eau : *De l'utilité publique des transmissions électriques d'énergie*, par ANDRÉ BLONDEL, Paris, Dunod, 1898 : — et : *Les forces hydrauliques des Alpes en France, en Italie et en Suisse*, par M. RENÉ TAVERNIER (Rapport de mission. *Annales des Ponts et Chaussées*, 2me trimestre 1900).

toujours révocable, — bien que, la jurisprudence, devançant, à ce qu'il semble, la législation, admette aujourd'hui, qu'une semblable révocation doit être motivée, et se réserve de déclarer non valables certains motifs allégués; — et d'autre part, impuissance absolue à passer outre à la résistance d'un propriétaire qui ne veut pas laisser mettre les fils au-dessus de son champ, ou, en ville, laisser placer un support sur son toit. On peut vaincre ces résistances, en ville, pour les fils destinés à transporter de la *lumière*: on ne le peut pas pour les fils destinés à distribuer *de la force*.

Comment se passent les choses en Italie? Jusqu'en 1894, la situation des distributions d'énergie était la même qu'en France. Les canalisations ne pouvaient passer au-dessus des propriétés des tiers qu'avec leur consentement préalable; et pour une grande entreprise de distribution d'énergie dont on voulait assurer le succès, on était obligé de recourir au vote d'une loi spéciale déclarant l'utilité publique. Ce que le Parlement français a fait pour l'usine destinée à alimenter Lyon, par la loi du 8 juillet 1892, le Parlement italien l'avait fait, en 1891, pour la transmission d'énergie de Tivoli à Rome; et cette loi avait permis d'exproprier à travers la campagne romaine une bande de terrain de 3 mètres de large et de 30 kilomètres de long, pour le passage des câbles de transmission.

Mais, depuis lors, une loi, du 7 juin 1894, a étendu aux canalisations électriques la législation en vigueur pour les canalisations d'eau, en particulier le droit d'imposer une servitude de passage sur le fonds des tiers : « Tout propriétaire est tenu d'accorder passage aux conduits aériens ou souterrains que désire exécuter quiconque a le droit, permanent ou temporaire, de s'en servir pour les usages industriels. » Sont exemptés de cette servitude les jardins ou cours attenants aux maisons, etc. Avant tout commencement d'exécution, l'industriel doit au propriétaire une indemnité équivalente à la dépréciation, augmentée des dommages résultant des dégâts occasionnés par les travaux et le passage des agents préposés à l'entretien et à la surveillance des canalisations.

L'Allemagne, avant 1900, était aussi peu avancée que nous. Mais le nouveau Code civil unifié, mis en vigueur en 1900, a, sans qu'il fût besoin d'une loi spéciale relative aux canalisations électriques, introduit, dans le chapitre relatif à la propriété, un article pour déclarer explicitement que le propriétaire d'un fonds n'a pas le droit de s'opposer au passage de ce qui est à une telle hauteur ou à une telle profondeur qu'il n'en résulte pour lui aucun dommage.

L'Angleterre est le pays d'Europe le plus en retard. La procédure y est compliquée. Toute entreprise de distribution électrique doit solliciter une concession (provisional order) qui est soumise à l'approbation du Parlement, obligé d'autoriser en chaque cas par une loi spéciale. Et cette loi, votée, ne confère jamais au concessionnaire le droit d'expropriation. Nous voyons, par cet exemple du pays d'Europe le moins avancé dans le développement des distributions électriques d'énergie, que le libéralisme absolu n'est nullement incompatible avec le formalisme administratif le plus compliqué [1].

L'Italie, au contraire, est un pays qui, bien qu'ayant dans sa formation intellectuelle d'étroites analogies avec

[1] Le libéralisme économique absolu n'est plus d'ailleurs tout-puissant en Angleterre. Quand il s'agit d'hygiène publique, par exemple, la loi accorde à l'État ou aux municipalités des droits qui, en France, paraîtraient exorbitants. Un propriétaire peut être mis en demeure de démolir une maison insalubre et, en cas de refus, il peut être *exproprié sans indemnité* autre que le prix du terrain et celui des matériaux. Mais l'Angleterre reste très réfractaire à l'idée de servitude imposée au profit des tiers.

la France, n'a pas au même degré sacrifié à la conception absolutiste du droit de propriété. N'oublions pas que c'est le pays de la loi Pacca, qui interdit aux propriétaires d'œuvres d'art de les vendre à l'étranger, marquant ainsi que le possesseur n'a pas le droit de faire de la chose possédée un usage qui diminuerait le patrimoine national. Et quant à l'Allemagne, on sait que le parti du Centre au Reichstag a lutté pour faire affirmer par le Code lui-même une conception de la propriété plus conforme à la théorie chrétienne du droit de propriété, telle que, dès 1848, Ketteler l'avait remise en honneur, d'après saint Thomas d'Aquin [1].

La législation proposée chez nous, — proposée, mais non encore votée, — donnera le droit de passer outre à des résistances injustifiées. L'article 6 du projet de loi porte que l'exécution *des ouvrages destinés au transport et à la distribution de l'énergie* peut être déclarée d'utilité publique, après enquête, par décret délibéré en Conseil d'État. Ici, il n'est plus nécessaire d'une loi, comme celle qui est intervenue pour l'entreprise de Jonage : Ces ouvrages rentreront dans les *travaux de moindre importance* que le Conseil d'État peut déclarer d'utilité publique. L'article 7 permettra, dans ces conditions, de placer des supports pour conducteurs aériens, sur des toits ou terrasses, ou de faire passer des conducteurs d'énergie au-dessus des propriétés privées à condition qu'ils soient hors de portée. L'article 8 indique expressément que l'exécution des travaux précédents n'implique aucune dépossession.

Il est à croire, je le répète, que ce projet ne tardera

[1] *Études sociales catholiques*, publiées par A. DECURTINS. — Œuvres choisies de Mgr Ketteler. (Bâle, imprimerie du *Basler Volksbatt*, 1892.) — V. notamment le sermon prêché en la cathédrale de Mayence, le 19 novembre 1848, sur « la théorie catholique du droit de propriété » ; p. 1-18.

plus beaucoup à être voté. Il n'en est pas moins vrai que l'Italie a sur la France, à cet égard, plus de dix ans d'avance.

III

La création des usines hydrauliques, devant la législation.

L'existence d'usines hydrauliques, loin d'être une nouveauté comme la distribution d'énergie à distance, était, à l'époque du Code civil français, un fait usuel. C'est seulement à cette époque que la machine à vapeur s'introduisait dans l'industrie du continent : jusque-là presque toute notre industrie n'avait employé que des moteurs hydrauliques.

Seulement on n'avait pas de grosses usines, produisant en un même point ces puissances formidables qui s'évaluent en dizaines de mille chevaux ; on ne songeait pas à les produire, parce qu'on n'aurait pas su comment les utiliser. Ce n'est que le transport d'énergie d'une part, l'électrochimie d'autre part, qui ont permis d'employer efficacement une énorme puissance créée en un point. La conséquence est qu'autrefois il n'y avait presque pas de grosses usines hydrauliques. Le moulin du Bazacle de Toulouse était une des grandes curiosités industrielles de la France d'il y a un siècle.

Dans nos vallées industrielles qui ont conservé leurs vieilles roues hydrauliques, on voit une succession de petites usines, très nombreuses, disposées les unes au-dessous des autres, mais exploitant une puissance très divisée. C'est dire qu'autrefois chacun des propriétaires successifs avait sa chute, aménagée dans son champ. La loi ne mettait pas en doute que la puissance de sa chute ne fût sa propriété personnelle ; à mon sens, elle avait grandement raison. Le meunier qui utilise la pente de l'eau dans son champ, et qui rend l'eau à la sortie, n'enlève rien au voisin d'amont ni au voisin d'aval. Il utilise une énergie qui, sans lui, s'usait en pure perte, en frottement sur le lit et sur les rives du cours d'eau ; il rend service à la société, bien loin de nuire à personne.

La question a changé de face avec l'électricité qui a provoqué la création d'usines de grandes puissances. Dès lors, établir une chute moyenne sur une rivière de grand débit, ou une haute chute sur un torrent de montagne, il n'est pas d'assez grand propriétaire qui l'ait pu réaliser sans avoir à s'entendre avec des voisins. Les premiers qui ont aménagé des chutes, ayant acquis le terrain où construire l'usine, ont obtenu sans grand'peine, des riverains d'amont le droit d'établir le canal de dérivation nécessaire, droit de riveraineté et droit de passage. L'on n'a pas tardé à voir que ces droits, indispensables à l'industriel, étaient fort précieux : et la spéculation s'est jetée sur cette piste. Les *barreurs de chute* ont couru la France, achetant à vil prix aux propriétaires du sol, en tous les points où des aménagements d'usines étaient possibles, une simple bande de terre inculte au bord de la rivière, essayant ensuite de revendre au créateur d'usine leur droit de riveraineté à prix d'or. Devant le scandale de ce chantage, l'opinion s'est émue. Il fut répondu par les ministères compétents que rien, dans notre législation actuelle, ne permet de passer outre à la résistance incoercible d'un barreur.

Le barreur n'est pas toujours un spéculateur avide de rançonner l'industriel. Ce peut être une commune qui a des droits de riveraineté et qui n'entend les céder qu'à certaines conditions, contradictoires avec celles qu'impose la commune voisine. Ce peut être un mineur ou un incapable qui n'a pas le droit d'accorder le libre passage sans des formalités interminables et compliquées.

Tous les ingénieurs et les jurisconsultes qui ont étudié le problème sont unanimes à voir, dans cette impuissance de l'industriel en présence du barreur, l'une des raisons qui ont ralenti, en France, l'essor de l'industrie hydro-électrique, et qui ont permis à certains de nos voisins, partis après nous, de nous dépasser. Cette raison, il convient de reconnaître qu'elle n'est pas la seule : l'engouement inconsidéré pour certaines industries électro-chimiques a été, chez nous, la cause de bien des déboires. Mais l'insuffisance de la législation a été l'une des raisons essentielles de notre retard.

Nous avons cité l'Italie comme un des pays qui ont le plus vite et le mieux résolu, législativement, le problème de la distribution de l'énergie. Il est intéressant de voir quelle est, en Italie, la situation légale des usines hydro-électriques.

En Italie, tous les cours d'eau appartiennent à l'État, qu'ils soient ou non navigables et flottables.

L'industriel qui crée une chute doit demander *une concession d'eau* qu'il obtient moyennant une redevance annuelle de 3 lires par cheval. Les ingénieurs trouvent cet impôt tout à fait excessif, et il est question de réformer la législation sur ce point. Mais, en attendant une législation définitive, l'on a adopté une mesure très précieuse qui a permis d'éliminer les barreurs : l'extension à l'industrie du droit d'imposer les servitudes *d'aqueduc et d'appui de barrage* stipulées par les lois italiennes comme par les nôtres au profit de l'agriculture, en faveur des entreprises d'irrigation.

C'est de l'exemple de l'Italie que s'inspira M. Jouart, député de la Savoie, qui, le 3 mars 1898, déposait un projet de loi sur la création des usines hydrauliques, bien moins dans l'intention de proposer pour ces usines un régime définitif que pour saisir le Parlement de la question.

Le projet de M. Jouart exigeait l'autorisation du Gouvernement pour établir sur des cours d'eau des moulins, usines ou autres ouvrages, avec paiement d'une redevance annuelle proportionnelle à la force créée. Cette autorisation pouvait, en certains cas, permettre de réduire les résistances. Le projet mettait enfin les rivières, torrents et ruisseaux dans le domaine public, comme en Italie. On sait que, depuis lors, une loi du 8 avril 1898 a attribué la propriété du lit des rivières non navigables ni flottables, aux riverains.

Le projet Jouart fut renvoyé à l'examen de la commission parlementaire des distributions d'énergie. Celle-ci, reconstituée après les élections de mai 1898, chargea M. Guillain d'élaborer un projet en son nom : c'est à ce projet, déposé en 1898, qu'on a donné le nom de *projet Guillain ou de la commission parlementaire,* relatif à la création des usines hydrauliques (projet à ne pas confondre avec le projet sur les *distributions d'énergie,* rapporté d'abord par M. Guillain, puis, lorsque celui-ci prit en novembre 1898 le Ministère des Colonies, par M. André Berthelot).

Ce projet Guillain ou de la commission parlementaire concède la puissance à utiliser d'une façon analogue aux *concessions de mines,* c'est-à-dire à titre perpétuel, sauf clauses de rachat, avec droit de coercition vis-à-vis des tiers, et par contre, avec certaines redevances obligatoires envers les services publics. Toute usine de plus de 200 chevaux doit ainsi faire l'objet d'une *concession.*

Depuis lors, M. Guillain a admis la possibilité de limiter la concession aux seules usines qui feraient appel au concours de l'État pour triompher des difficultés rencontrées dans leur établissement. En ce cas, il convient, selon lui, d'« assurer à la communauté le bénéfice de la coercition exercée sur les propriétaires récalcitrants ». Par contre, tout propriétaire qui serait à même de créer son usine sans le secours de l'État, verrait son barrage réglementé comme aujourd'hui par un simple arrêté.

Le 23 juin 1903, M. Guillain déposait son nouveau projet, amendé, limitant l'obligation de la concession aux usines d'au moins 1,000 chevaux, limitant la faculté de rachat, et posant le principe, que nous verrons admis par le récent projet de loi du Gouvernement, de l'emploi facultatif des résidus d'énergie par les usines publiques.

Jusqu'ici, laissant de côté le premier projet, dû à M. Jouart, et destiné uniquement à poser la question, nous nous trouvons en présence du système de la *concession de mines,* proposé, avec quelques variantes successives, par M. Guillain.

En face de ce système, on en a proposé bien d'autres. Nous ne retiendrons que les deux projets successifs présentés par le Gouvernement, le projet Pierre Baudin et Jean Dupuy, du 6 juillet 1900, établissant le système de *la concession de Travaux publics,* et le projet de la commission extraparlementaire, déposé par M. Mougeot, au nom du Gouvernement, le 15 janvier 1904, projet établissant deux types nouveaux d'usines, l'usine privée privilégiée et l'usine publique autonome.

Le projet Baudin et Jean Dupuy provoqua, quand il fut déposé en 1900, une grosse émotion dans le monde industriel. Comme on l'a pu dire, l'industrie privée avait fait appel à l'État pour triompher du barreur; l'État répondait en mettant la main sur l'industrie privée. Comme le cheval de la Fontaine qui, pour se venger du cerf, avait appelé l'homme, elle s'était donné un maître. C'est contre ce projet que fut dirigé le Congrès de la Houille Blanche de Grenoble en 1902, dont la conséquence fut la nomination d'une commission extraparlementaire comprenant des ingénieurs, des jurisconsultes, et notamment les auteurs de contre-projets présentés au Congrès. Des travaux de cette commission est sorti le projet de 1904.

Le projet de loi Baudin et Dupuy sur les *Usines hydrauliques publiques,* décide que : « les usines hydrauliques se divisent en usines privées et usines publiques ; — les usines publiques sont concédées au nom de l'État dans l'intérêt de l'industrie et des services publics ; — sont nécessairement concédées comme usines publiques, les usines qui seraient créées postérieurement à la présente loi, et qui auraient une puissance brute d'au moins 100 chevaux, ou les usines existant antérieurement dont la puissance serait portée à plus de 100 chevaux ; — le cahier des charges de la concession détermine : la durée de la concession, et les charges imposées au concessionnaire ; — à l'expiration du terme fixé, la concession, avec toutes ses dépendances telles qu'elles sont définies par le cahier des charges, fait retour à l'État sans aucune indemnité ; — l'État peut, à toute époque après l'expiration des quinze premières années, racheter la concession. » Naturellement, le concessionnaire acquiert vis-à-vis des tiers les droits d'expropriation ou de servitude qui lui sont indispensables.

Il est à peine besoin d'observer qu'il n'y a pas d'usine un peu sérieuse, de moins de 100 chevaux ; que dès lors, la mainmise de l'État s'étendrait en fait à toutes les chutes, qui lui appartiendraient en propre dans un délai pouvant ne pas dépasser quinze ans.

Cette tendance de l'État français à mettre la main sur les industries importantes n'est pas, comme on le dit trop souvent, une tendance nouvelle et tout à fait contemporaine. Dans l'esprit du parti qui se trouve détenir le pouvoir, la *socialisation* est un moyen de gouvernement trop commode pour qu'on s'en prive. Et l'on comprend la méfiance de l'industrie libre à l'égard de ces tendances qui expliquent trop la timidité des capitaux. Il serait injuste, toutefois, de ne voir dans les projets qui consacrent, au bout d'une période plus ou moins longue, la propriété de l'État sur toutes les chutes, qu'un rêve de politiciens césariens ou jacobins. La crainte de voir, sous un régime nominalement libre, s'établir de véritables trusts qui monopoliseraient toutes les forces d'une région, et pourraient ensuite rançonner aussi bien les particuliers que les services publics, avait conduit d'éminents ingénieurs à regarder ce système comme le plus conforme à l'intérêt général. Disons tout de suite que cette crainte, justifiée en certains départements par un commencement d'exécution, a inspiré, dans le projet récent, l'ingénieuse conception, qui paraît due à M. René Tavernier, des *usines publiques autonomes*.

Quoi qu'il en soit, le projet Baudin-Dupuy eut la plus mauvaise presse, et, s'il a été repris à titre de projet d'initiative parlementaire par MM. Baudin et Millerand, il a été abandonné par le Gouvernement. Nous ne croyons pas qu'il faille le regretter malgré l'autorité de M. Gide, qui, dans une intéressante conférence à la Société des Amis de l'Université de Paris, revendiquait, récemment encore, le droit de l'État non seulement à faire cesser l'obstruction, mais à se réserver la propriété de la force :

« Voilà une situation impossible. Il faut que la loi intervienne. Il faut un droit nouveau, et que cette propriété collective, publique, soit utilisable. Il y a des projets de loi pour décider que cette richesse appartienne à tous. La houille blanche n'appartient pas au propriétaire du sol; c'est l'État qui la concède et cette concession n'est pas à perpétuité. Il y aurait un inconvénient majeur à ce que la propriété fût perpétuelle [1]. »

[1] CH. GIDE. Conférence faite à l'assemblée générale de la *Société*

A quoi le commandant Audebrand répondait :

« C'est une inexactitude très grave que de dire que la propriété privée est un obstacle à l'utilisation de la houille blanche : c'est le contraire qui est le vrai ! Que la propriété privée soit seulement menacée : l'eau se figera, et alors : adieu, veau, vache, cochon, couvée. Notre conférencier, là encore, n'a vu qu'un côté de la question, l'abus du droit de propriété, l'action coupable et néfaste du *barreur de chute,* et de ce que des êtres pervers ont mésusé d'un droit, il veut supprimer ce droit, pour qu'on n'en abuse plus à l'avenir. C'est excessif [1] ! »

J'ai emprunté ces deux citations à une controverse récente. La dernière montre clairement l'état d'esprit « libéral » opposé à l'esprit « étatiste ». Elle montre fort bien en quoi la conception « libérale » est insuffisante et incomplète. « De ce qu'on a abusé d'un droit, dit le commandant Audebrand, il ne s'ensuit pas qu'on doive supprimer ce droit ! » Sans doute, mais à la condition expresse que ceux qui défendent le droit contesté ne proclament pas que le droit d'en abuser en fait partie intégrante.

Le projet déposé par M. Mougeot, ministre de l'agriculture, au nom du Gouvernement, le 15 janvier 1904, présente ce grand intérêt qu'il y a été tenu compte de toutes les observations dues aux auteurs de contre-projets, et qu'il résulte des délibérations d'une commission au sein de laquelle toutes les opinions ont pu se faire jour.

Il a d'abord ce caractère, assez nouveau dans les lois françaises, qu'il n'abroge rien ; il édicte des mesures, à certains égards, facultatives. Les usines privées existantes, et celles qui pourront se constituer librement sans avoir

des Amis de l'Université de Paris, le 5 mai 1904. — Cité dans la *Houille Blanche* d'octobre 1904, 3me année, p. 318.

[1] *Houille Blanche,* 3me année, p. 319.

à exercer contre personne de droit de coercition, continueront d'être soumises au même régime qu'aujourd'hui. D'autre part, les usines publiques, établies pour assurer un service public (tramway, éclairage urbain) restent, comme à l'heure actuelle, des entreprises de travaux publics, soumises à cahiers des charges détaillés et concédées à titre temporaire. Le projet prévoit la création de deux types nouveaux d'usines, et leur donne les moyens de se constituer.

En premier lieu, l'usine *privée privilégiée*. L'industriel qui possède déjà le terrain destiné à l'établissement de l'usine, l'une des rives du cours d'eau au point prévu pour le barrage, et une fraction suffisante des droits de riveraineté sur le tronçon intermédiaire du cours d'eau, pourra vaincre les résistances des autres riverains, en sollicitant une autorisation par une demande qui sera soumise au Conseil d'État. La décision de celui-ci, admettant ou rejetant la demande, sera prise conformément à des règles très précises, et l'on a prévu notamment le cas de plusieurs demandes concurrentes : le décret d'autorisation ou de rejet devra être motivé. Le Conseil d'État est investi ainsi d'un pouvoir d'appréciation, dont on s'est efforcé d'exclure l'arbitraire, mais qui est indispensable pour distinguer la demande ayant un caractère d'importance et de sérieux suffisant, de celle qui ne présente pas ces garanties.

L'admission de la *demande d'autorisation*, — qui n'est pas une *concession* — confère en effet au demandeur la faculté essentielle d'imposer des servitudes, et de faire transformer certains droits des tiers, notamment ceux dont il n'a pas été fait jusqu'alors usage effectif, en droits à indemnité. L'art. 7 attribue au Tribunal civil le règlement de ces indemnités, sans que l'Administration ait à intervenir de nouveau.

« Les intéressés peuvent saisir le Tribunal civil de leur

demande en réserve ou en restitution d'eau en nature, en restitution de force motrice ou en indemnité. *Le juge, en prononçant, doit concilier les intérêts de la propriété avec ceux de l'agriculture et de l'industrie.* »

L'art. 9 porte que « le droit des riverains à l'usage de l'eau, à d'autres fins que l'irrigation ou l'alimentation, est transformé en droit en indemnité. Toutefois, quand il se trouve dans les sections de cours d'eau intéressés à la création de la chute projetée, des forces motrices préexistantes, l'usinier doit restituer aux ayants droit, si ceux-ci l'exigent, toute l'énergie dont ils disposent. *La restitution peut être faite sous forme d'énergie électrique* »...

L'art. 10 stipule que « les usines établies dans les conditions de la présente loi ont le bénéfice des servitudes d'aqueduc et d'appui de barrage telles qu'elles sont réglées par les lois des 29 avril 1845 et 11 juillet 1847. »

Les usines de ce type sont soumises à des règles fixant les réserves que l'Administration peut faire pour la sauvegarde des intérêts généraux, et celle des réquisitions qui peuvent, par la suite, être adressées à l'industrie en faveur des services publics. Ce sont ces exigences qui seront peut-être renforcées par le Parlement, au moment de la discussion du projet de loi.

On remarquera l'équité, et aussi la simplicité des règles fixées pour les relations entre l'usinier et les autres riverains, notamment l'obligation de restituer en énergie électrique, si on l'exige, l'énergie dont disposait une petite installation antérieure appelée à disparaître par l'établissement de la chute principale.

Disons un mot des *usines d'utilité publique autonomes*. Supposons aujourd'hui qu'on ait déclaré l'utilité publique d'un tramway ou chemin de fer de montagne : le concessionnaire n'a eu qu'à présenter ses projets et ses capitaux : il acquiert, du fait de la déclaration d'utilité publique, le droit d'exproprier, même le terrain nécessaire à l'usine génératrice; et si le projet prévoit, pour cette usine, une usine hydro-électrique, il acquiert par le fait le droit de la créer, en dépit des résistances. Seulement, dans l'état actuel des choses, le concessionnaire n'a pas le droit d'employer les réserves d'énergie de son usine, solidaire d'un service public, à une industrie libre. Les riverains expropriés en vue du service public pourraient ne pas le permettre. Et le cas s'est effectivement présenté. — Or, une usine hydraulique donne une puissance qu'on peut, comme l'a très bien indiqué M. Côte [1], diviser en deux catégories : *les chevaux permanents* et *les chevaux périodiques*, les premiers représentant la partie constante et sur laquelle on peut compter, les autres l'excédent de puissance disponible au moment des hautes eaux (été et automne dans les régions à glaciers, hiver et printemps dans les régions montagneuses sans neiges éternelles). L'une des meilleures solutions qu'on puisse adopter est l'affectation des chevaux permanents à un service public exigeant de la régularité, et des chevaux périodiques à une industrie libre complémentaire, telle que l'électro-chimie. — L'usine publique autonome pourra bénéficier du droit d'expropriation, en vertu d'un contrat de fourniture passé avec un service public, tout en ayant la latitude d'employer ses résidus d'énergie à sa convenance. De la sorte, la fourniture du service public pourra être faite à des conditions plus avantageuses.

Que peut-on espérer de cette législation nouvelle ? Il semble qu'elle doive donner satisfaction à tout le monde. Mais, par une particularité curieuse, il ne paraît pas que

[1] E.-F. Côte, *Transport de Force et Électrochimie. (La Houille Blanche,* novembre 1903, 2me année, p. 353). *A propos de la meilleure utilisation des chutes.* (Même recueil, avril 1904, 3me année, p. 138.)

l'usine privée privilégiée, prévue avec tant de soin par la loi, devienne le cas fréquent; quelques-uns se demandent même si l'on en verra une seule. La loi aurait donc été inutile? En aucune façon. Seulement, on pense que l'usine privée ordinaire, telle qu'elle existe aujourd'hui, s'établira sans difficulté, et que, par le seul fait qu'on saura que légalement l'obstruction est condamnée à l'échec final, on renoncera à l'obstruction. La fixation d'une procédure régulière pour avoir raison des barreurs supprimera vraisemblablement l'industrie des barreurs, sans même qu'il soit besoin de recourir à cette procédure. Si ce résultat heureux est atteint, ce sera parce que la loi aura expressément dénié à la propriété le droit d'obstruction à l'encontre d'un intérêt privé, et non plus seulement à l'encontre de l'intérêt de l'État; parce que la loi aura formellement consacré, dans un cas important, la négation du *jus abutendi*.

L'idée d'étendre aux nécessités industrielles les servitudes d'aqueduc et d'appui de barrage, reconnues pour les irrigations agricoles, consacrée par le nouveau projet de loi, est préconisée depuis longtemps par les hommes les plus compétents ; elle a été soutenue au Congrès de la Houille Blanche de Grenoble en 1902 par M. Coignet, vice-président de la Chambre de Commerce de Lyon, auteur d'un projet de loi intéressant, rappelant l'*Act Torrens* relatif à l'acquisition de la propriété foncière en Australie. Elle a été défendue par M. de la Brosse [1]. Elle semble si naturelle qu'on s'étonne qu'elle n'ait pas encore acquis droit de cité dans notre législation.

La raison en est, j'en suis convaincu, dans ce fait que notre Code et nos lois sont imprégnés d'une conception absolue du droit de propriété, dérivée du droit romain,

[1] R. de la Brosse, *Réflexions sur la législation des chutes d'eau. (La Houille Blanche*, septembre 1903 : 2me année, p. 260.)

mais renchérissant peut-être encore sur le droit romain; et que cette conception implique pour nous non seulement la jouissance complète de l'objet possédé, mais le droit d'en disposer arbitrairement « de la manière la plus absolue ». Toutes les fois que les nécessités de l'agriculture ou de l'industrie exigent une dérogation à ce pouvoir arbitraire, l'établissement d'une servitude, il semble que ce soit la suppression de la propriété elle-même, et que partisans et adversaires du droit de propriété ne voient pas grande différence entre cette limitation rationnelle et la négation brutale du droit de propriété.

On me dira, — ou plus exactement, — on m'a dit : « Fort bien ! Mais quand vous auriez un Code comportant une définition et une notion moins absolue du droit de propriété, en quoi cela serait-il utile ? Serait-il moins indispensable de légiférer à nouveau sur les problèmes nouveaux que soulèvent les découvertes scientifiques ? »

Je réponds d'abord que, si l'on avait eu une conception autre du droit de propriété, il eût été beaucoup plus aisé, en attendant une loi organique concernant un sujet neuf, d'étendre, soit par simple décret, soit par règlement d'administration publique, soit même par décisions de jurisprudence, et à tout le moins par une loi très brève et ne soulevant pas d'opposition, les dispositions créant des servitudes au profit de l'agriculture, à l'industrie des chutes d'eau. C'est bien ce qu'a fait l'Italie. C'est ce qu'implique le Code civil allemand. Chez nous, cette extension, si indiquée, n'est pas encore votée.

Je réponds en second lieu que, faute d'avoir l'idée que l'intérêt général peut justifier la limitation du droit de propriété privée au profit d'une autre entreprise privée, on est conduit à faire intervenir l'État, non pas à titre d'arbitre exerçant son pouvoir de police, mais à titre de souverain, se substituant fictivement à l'entreprise qui réclame un droit de coercition, et conférant à l'entreprise ce droit, non comme on tranche un litige, mais comme on communique une émanation de la puissance publique. Et, c'est cette dernière forme d'intervention, qui, dans les pays à administration très fortement organisée, pourrait parfois aboutir à un dangereux arbitraire. L'idée qui domine les premiers projets sur les usines hydrauliques, projet Jouart, projet Guillain, et surtout projet Baudin et Dupuy, est bien que le droit de vaincre des résistances injustifiées pour faire œuvre utile doit être, non pas *garanti* par l'État, mais *concédé* par l'État. Or, qui dit « concession », entend cession gracieuse, faite à des conditions qui peuvent être rigoureuses, et en tous cas précaire et révocable, dans des formes plus ou moins dures. — Que ceux donc qui, devant le projet Baudin surtout, ont crié au « socialisme d'État » veuillent bien reconnaître que l'on est conduit aux conséquences qu'ils rejettent si l'on pose en principe l'impossibilité d'une action légale contre l'abus du droit de propriété. Cela est si vrai que l'exposé des motifs du projet Baudin et Jean Dupuy renferme une phrase révélatrice sur laquelle j'ai déjà appelé l'attention.

« Du moment où on admet que le but proposé présente une utilité générale assez considérable pour mériter l'emploi de la déclaration d'utilité publique faisant tomber tous les droits des tiers, n'a-t-on pas le droit de dire que l'usine créée dans ces conditions a bien le caractère d'une usine publique ? » — Et plus loin : « Il a paru préférable de ne porter atteinte ni aux règles générales du Code civil... Il vaut mieux s'en tenir à un type juridique connu, défini, de pratique courante, le contrat de concession de travaux publics. »

Et j'ai été très heureux de voir, sur ce point, les idées que j'énonçais, dès 1901, reprises avec plus d'autorité par un des jurisconsultes qui ont eux-mêmes présenté des projets de législation des chutes, M. Michoud, professeur à l'Université de Grenoble. Dans une étude sur la législation autrichienne [1], M. Michoud indique qu'en Autriche, le demandeur peut obtenir une « Bewilligung » (qu'il traduit par *concession,* bien que le mot français *concession* implique certainement quelque chose de plus) permettant d'obtenir, en vue de l'utilisation de l'eau, l'expropriation des droits sur l'eau qui peuvent appartenir à un tiers, et l'établissement de servitudes sur le fonds d'autrui.

« Dans notre législation française, dit M. Michoud, le droit d'expropriation est beaucoup moins largement entendu. Il n'existe en principe qu'en vue d'une entreprise d'intérêt général et jamais en vue d'une entreprise privée. On trouve même dans beaucoup d'esprits une certaine répugnance à étendre à l'industrie le bénéfice des servitudes d'appui de barrage et d'aqueduc admises par nos lois de 1845 et 1847 en faveur de l'irrigation. Mais la doctrine allemande est depuis longtemps faite à l'idée que l'expropriation ne doit pas exister seulement au profit de *l'intérêt public*, au sens étroit du mot, mais au profit de *l'intérêt social* et qu'en conséquence, elle se trouve justifiée dès que la *Société* (et non pas seulement *l'État* ou une autre personne publique) trouve un avantage économique sérieux à ce qu'elle soit exercée. L'expropriation au profit d'une personne privée, n'ayant aucun caractère administratif, n'a dans ce système rien d'anormal. »

La distinction si bien indiquée par M. Michoud entre *l'intérêt social* et *l'intérêt public*, au sens étroit du mot, nous paraît importante. En France, on se méfie justement des raisons *d'ordre public,* de tout temps invoquées contre

[1] *La Houille Blanche*, août et septembre 1903. (2me année, p. 225 ; et p. 257.)

les libertés les plus légitimes, parce que *l'intérêt public*, c'est *l'intérêt de l'État*, et que l'État, chez nous, c'est toujours « le prince », — les bouleversements consécutifs à la Révolution ayant opéré beaucoup plus un transfert d'absolutisme qu'une suppression de l'absolutisme. — L'intérêt de la *Société*, au contraire, — de la société comprenant les générations futures, — sans addition d'épithète dirigée contre quelqu'un, — cet intérêt, qui peut être lié au succès et à la permanence d'entreprises indépendantes de l'État, est moins bien garanti en France contre les fantaisies individuelles, qu'il ne l'est dans d'autres pays où le citoyen, à son tour, est plus efficacement protégé contre l'arbitraire du pouvoir. Le « droit de l'État » et les « droits de l'homme » sont les deux mâchoires d'un étau où est souvent écrasé l'intérêt de la société.

D'intéressantes tentatives ont été faites de nos jours, et par des philosophes ou des politiques d'opinions diverses, pour remettre en honneur, sous le nom de *dette sociale*, la notion d'un devoir plus large et plus étendu que celui qui résulte du respect strict du droit d'autrui et du droit de cette personne morale qu'on nomme l'État. Loin de décourager ces tentatives, de quelque côté qu'elles viennent, il faut y voir un hommage, peut-être involontaire, à cette très vieille idée qu'il est dangereux de présenter, isolée et absolue, la notion de droit sans l'associer à celle du devoir; et qu'à ne proclamer que des droits sans assigner à chacun des droits reconnus une limite intrinsèque fondée sur le devoir corrélatif, on risque de transformer la société en un champ clos où se heurtent des absolutismes contradictoires.

J'ai à m'excuser, une fois encore, de me hasarder aussi loin du domaine qui m'est habituel. Mais je voudrais voir ces considérations plus familières aux personnes qui parlent constamment de « liberté » avec l'illusion que ce beau mot de légitime protestation contre l'arbitraire, est, à lui seul, un programme positif. « Ne touchez pas à la liberté d'allures de la propriété privée », dit, après Leroy-Baulieu, le commandand Audebrand ; et, dans sa réponse à M. Gide dont j'ai cité un passage, il reproche au professeur de la Faculté de Droit de Paris, d'oublier que la déclaration des droits de l'homme, par son art. 17, proclame la propriété « un droit inviolable et sacré ». Il est trop clair, pourtant, que si on entend le mot au sens des juristes, il faut toucher à la propriété privée de quelqu'un si l'on veut pouvoir établir des usines hydrauliques. « Laissez faire, laissez passer. » C'est fort bien dit. Mais si vous *laissez faire* le barreur, c'est lui qui ne vous laissera pas *passer!* Les personnes qui déclarent volontiers « qu'on a tort de parler au peuple de ses droits sans lui parler en même temps de ses devoirs » paraissent trop souvent faire de l'art. 17 de la Déclaration des Droits, l'objet d'une vénération exceptionnelle et l'exempter du reproche adressé par elles-mêmes à la Déclaration dans son ensemble, comme s'il n'était pas mauvais de proclamer un droit de propriété « inviolable et sacré » sans subordonner l'exercice de ce droit à l'accomplissement d'un minimum de devoirs que la loi doit sanctionner.

Nous venons d'examiner la partie de ce devoir qui consiste à ne pas faire obstruction à une œuvre utile. Nous allons voir, à propos du problème forestier, que l'autre partie de ce devoir de propriété, consistant dans la conservation de la propriété, n'est pas mieux garanti contre le droit d'user et d'abuser.

IV

Le déboisement et la législation forestière.

L'Angleterre est le pays le plus déboisé de l'Europe. Mais la France vient, en bon rang, après elle. C'est à peine si une surface égale à 18 % de notre sol est couverte de bois, ce qui n'est pas assez, surtout si l'on réfléchit que c'est dans les régions montagneuses (Pyrénées, Cévennes, Auvergne), là précisément où il faudrait une proportion de bois plus considérable, que le déboisement a été le plus pratiqué depuis la fin du XVIIIme siècle. Le département du Puy-de-Dôme a 87,000 hectares de terrains incultes, le département du Cantal à peu près autant ; celui de la Lozère, 150,000 ; alors que la dévastation de l'ancienne forêt du Gévaudan a donné à peine 50,000 hectares de terres cultivées. L'une des conséquences les plus regrettables de cette destruction des forêts et de la dégradation des terrains de montagne, qui en a été la conséquence, a été le trouble apporté au régime de nos fleuves et la décadence de notre navigation intérieure. Il y a un peu plus de cent ans, il y avait une batellerie importante sur l'Allier : à Pont-du-Château, il reste un port et de larges quais très bien aménagés, mais pas un bateau ne remonte l'Allier jusque-là.

Nombreux sont les Français qui s'en sont émus. On commence à renoncer à ce travail de Sisyphe ou des Danaïdes — l'une et l'autre comparaison est bien exacte — qui consiste à pratiquer des dragages dans l'embouchure de nos fleuves ou à ramener des filets d'eau dans des chenaux où les sables la boiront. On a compris que ce n'est pas seulement à Nantes ou à Tours qu'il faut travailler à rendre « la Loire navigable », mais dans les montagnes de la Haute-Loire et de la Lozère. Dans la région du Sud-Ouest, les anciens Comités de la Garonne navigable et du Canal des Deux-Mers ont uni leurs efforts, et, dans une série de congrès, tenus à Bordeaux, à Toulouse, à Narbonne, auxquels on a donné le nom, — pour le moins bizarre, — de « congrès du Sud-Ouest navigable » ils ont eu le grand mérite d'appeler l'attention universelle sur l'importance prépondérante du problème du reboisement et du régime pastoral dans les questions de navigation fluviale. Il y a là deux problèmes connexes, mais pourtant distincts, celui de la restitution et du maintien des forêts d'une part, celui de la protection des terrains à ruissellement non boisés d'autre part ; ces terrains peuvent être, dans une large mesure, sauvegardés par une législation sérieuse.

C'est à l'un de ces congrès, à Toulouse, en 1903, que j'ai communiqué mes observations personnelles sur la dénudation des pentes du Puy de Dôme.

Un chemin de mulets, qui descend en pente modérée du sommet du Puy de Dôme jusqu'au petit Puy de Dôme, en contournant la montagne sur le flanc Est, chemin qu'on aperçoit très bien de Clermont, et qui date des premiers travaux, c'est-à-dire de trente ans, est tout à fait dégradé : par endroits, tout le tapis végétal est enlevé sur 10 à 20 mètres au-dessus et au-dessous du chemin ; la roche friable est à nu, et le chemin est à peine praticable. Il s'est formé sur le flanc sud-est un ravin, et, à chaque orage, un amas de matériaux est entraîné qui vient barrer la route de Royat à Ceyssat : les éboulis déblayés par les agents du service vicinal, pour dégager cette route, se sont élevés, pour l'été de 1902, à 400 mètres cubes.

La propriété de ces terrains, qui sont des pacages où l'on met paître un nombre exagéré de moutons, est une propriété collective, frappée de servitude d'indivision, appartenant en commun à 73 copropriétaires, dont chacun a droit à un certain nombre de pieds de bétail. Et l'on n'hésite pas à mettre des moutons en des points où la pente atteint ou dépasse 45°, et où ces animaux détachent des morceaux de rocher qu'ils font rouler jusqu'en bas. L'Administration se déclare désarmée. A moins d'exproprier le Puy de Dôme, ce qui ne lui semble pas justifié à l'heure actuelle, elle n'a pas à intervenir.

Lorsque je me plains de l'insuffisance de la législation actuelle pour la préservation des terrains en montagne, ce n'est donc pas là une affirmation d'amateur qui a lu dans des revues ou dans des journaux que la législation est insuffisante ; c'est l'expérience personnelle d'un réclamant qui a signalé un danger à qui de droit, et à qui les administrations compétentes, bien disposées d'ailleurs et désireuses de lui donner satisfaction, ont répondu, la loi en mains, qu'il n'y a rien à faire, attendu que le danger signalé n'est pas « né et actuel », car l'article 2 de la loi forestière du 4 avril 1882 limite le droit d'intervention au cas où « la dégradation du sol » constitue « des dangers nés et actuels ».

N'avons-nous donc aucune réglementation ? — C'est là qu'il faut distinguer. Nous avons un code forestier qui protège les forêts de l'État et celles des communes ou des sections de communes, et, pour gérer ce domaine, une administration à laquelle on pourrait appliquer sans injustice la vieille formule, « que l'Europe nous envie ». Notre Administration des Eaux et Forêts, par sa compétence, son intelligence et son zèle désintéressé pour le bien public, a servi de modèle à celle des pays voisins.

La loi de 1882, tout incomplète qu'elle soit, sur le reboisement, a permis à nos agents des Eaux et Forêts de rendre la vie, la sécurité et la richesse à des régions jusque-là dévastées par des torrents. Mais quelle qu'ait été leur activité, — M. G. Fabre, conservateur à Nîmes, achète depuis de longues années, pour les reboiser, 2,000 hectares en moyenne par an, — on n'a reboisé jusqu'à ce jour, en tout, que 650,000 hectares, alors que nous avons encore en France 6 millions d'hectares de terrains incultes, alors surtout que nous avons 6 millions d'hectares de forêts appartenant à des particuliers et qui ne sont pas protégées contre le vandalisme et la cupidité du propriétaire.

Aussi je me permets de dire aux agents des Forêts : « Vous faites des merveilles, et nulle part, en d'autres pays, on ne fait plus et mieux, là même où comme en Suisse on fait aussi bien. Mais pendant que vous reboisez, à côté de vous l'on déboise ; pendant que vous reconstruisez, on démolit. Il faut donc qu'une loi interdise d'aggraver le mal, tel qu'il est, et rende obligatoire, dans une mesure à fixer, la réparation progressive du mal, *dans la propriété privée.* »

On me dira que la loi interdit « le défrichement » ; et qu'il suffirait déjà d'appliquer la loi pour obtenir des résultats; que trop souvent c'est aux résistances opposées, par les exigences électorales, aux agents chargés d'appliquer la loi, qu'on doit attribuer son impuissance. Je n'aurai garde de le contester. Mais j'ajoute que je vois tous les jours acheter, pour les exploiter d'une façon abusive, — et sans qu'on dissimule, en les achetant, l'intention de couper le bois pour gagner de l'argent, — des forêts magnifiques et nécessaires, où on laissera bien les quelques arbres et les taillis qui suffisent pour échapper à l'accusation de « défrichement », mais qu'en réalité on détruit. Il y a deux ans, c'était le Lioran, où il semble aujourd'hui que la loi nouvellement votée par la Chambre sur la protection des paysages puisse permettre une intervention utile. Ces derniers mois, c'était une forêt de 7,000 hectares dans le Morvan, dont M. Germain Périer dénonçait à la Chambre l'exploitation abusive par son propriétaire, M. Jacques Lebaudy, qui, disait-il, « fait couper à blanc d'estoc toutes les forêts situées dans les arrondissements de Château-Chinon et d'Autun ; une fois coupées, il loue le terrain et le livre au pacage [1] ». Si on laisse continuer M. Jacques Lebaudy, ajoutait-il, « les forêts du Morvan seront bientôt

[1] *Chambre des députés.* Séance du 31 janvier 1905.

transformées en Sahara ». Et il concluait par ces paroles fort sensées :

« S'il est bon de voter des millions pour reboiser, il est préférable et beaucoup plus simple de ne rien dépenser pour conserver les forêts qui existent et qui sont l'ornement de la France. »

C'est ce que je disais en 1903, et je m'étonne de ne pas voir les « conservateurs », défenseurs de la propriété privée, appuyer avec énergie, au lieu de la combattre, comme ils le font trop souvent, une thèse comme celle-ci.

Car enfin je reproche précisément à quelques-uns des fonctionnaires de l'Administration des forêts de n'avoir que cet idéal : exproprier, exproprier, exproprier ! Mais la faute n'en est ni à la loi ni à eux-mêmes : ils n'ont actuellement que ce moyen à leur disposition pour prévenir le mal et pour le réparer. Je voudrais précisément qu'il devînt possible d'empêcher à coup sûr la dévastation de nos 6 millions d'hectares de forêts privées, et de reboiser la plus grande partie, ou de garantir tout au moins nos 6 millions de terrains incultes de montagnes, sans faire acheter toute cette surface immense par l'État. Aveugles qui crient sans cesse au socialisme d'État, et qui ne voient pas que, par leur hostilité à la notion de *devoir de propriété* garanti et sanctionné par la loi, ce sont eux qui propagent la tendance à ne voir que dans la mainmise de l'État sur les propriétés la possibilité d'assurer les mesures de protection nécessaires à la société !

J'ai proposé au congrès du Sud-Ouest navigable de Toulouse un vœu tendant :

1° A rendre plus facile le reboisement obligatoire dans les propriétés privées ;

2° A imposer aux propriétaires des terrains à ruissellement une obligation réelle et sérieuse de ne pas déboiser chez eux, et si le terrain n'est pas boisé, tout au moins de ne pas laisser arracher le tapis de gazon protecteur.

Ce vœu a été adopté par le congrès. — Mais c'est encore un simple *vœu*. Quelle est la *loi* chez les peuples voisins ?

Avant ce bref examen, rendons-nous justice : Nous avons, depuis 1903, un code forestier *applicable à l'Algérie*, et qui présente sur le code français l'avantage d'élargir la définition de la forêt d'utilité publique. L'article 76 porte que :

« Pourra être déclarée d'utilité publique l'expropriation des terrains dont le *reboisement* ou la *restauration* seront reconnus nécessaires :

1° Pour le maintien des terres sur les montagnes et sur les pentes ;

2° Pour la défense du sol contre les érosions des rivières et des torrents. »

Voilà qui est mieux, à coup sûr, que l'attente du danger « né et actuel ». Mais encore et toujours l'expropriation, — l'expropriation, imposée, comme l'a justement dit M. Buffault, par respect du droit de propriété.

En Allemagne, la législation est assez variable d'un État à l'autre. Mais elle impose pourtant la conservation des forêts appartenant aux particuliers qui sont classées comme *forêts de protection* (Schützwaldungen). La loi prussienne prévoit, dans les forêts ou les terrains menacés, l'exécution, après enquête, de cultures forestières ou de travaux de protection, toutes les fois que l'importance du dommage à détourner sera supérieure au préjudice causé par les restrictions apportées à la jouissance du droit de propriété. L'initiative de ces mesures appartient soit aux tiers menacés, soit aux communes, soit à l'autorité supérieure. Le Président du Tribunal de protection des forêts peut, en cas d'urgence et avant toute procédure légale, arrêter toute exploitation dangereuse.

Un des principes les plus féconds posés par la législation prussienne, et appliqué à l'Allemagne entière depuis 1875, est celui de l'*association forestière, Waldgenossenchaft,* association qui constitue un syndicat en certains cas oblitoire. Sur la demande d'un des intéressés, de la commune, il peut être formé une association entre les propriétaires de bois, voisins ou enclavés, qu'on juge ne pouvoir être convenablement exploités que par une association. Il faut le consentement de la majorité des propriétaires, si l'association n'a pour but que la protection du bois, et des deux tiers si elle a pour but l'exploitation complète. La minorité est englobée d'office dans l'association et paie sa quote-part des dépenses communes.

Notons en passant que le projet de loi du 15 janvier 1904 sur les usines hydrauliques prévoit, chez nous, (art. 20 et 21) que l'exécution et l'entretien des travaux ayant pour objet l'amélioration du régime des cours d'eau, au point de vue industriel et agricole, peuvent donner lieu à la constitution d'associations syndicales libres ; ces associations pourront, dans certaines conditions, se transformer en associations syndicales autorisées, ayant droit d'exiger des propriétaires non associés, qui auront bénéficié des travaux accomplis, une indemnité de plus-value.

En Autriche, les autorités administratives ont la surveillance de l'exploitation de toutes les forêts. Le droit de transport des produits forestiers à travers la propriété des tiers est largement assuré. — Chacune des provinces a, en outre, des règles spéciales. Au Tyrol, une loi du 5 juin 1897 prescrit que les coupes qui excèdent les besoins économiques du propriétaire doivent être déclarées à l'agent forestier qui décide de leur étendue : il y a des sanctions pénales sévères à la négligence de cette déclaration ou à la contravention aux instructions données.

En Suisse, le principe que « l'aire forestière de la Suisse

ne doit pas être diminuée », étant posé, la Confédération se borne à une surveillance générale, laissant l'Administration forestière locale aux cantons dont les mesures sont examinées et sanctionnées par le Conseil fédéral. Est soumise à la réglementation administrative l'exploitation des bois particuliers dans des zones déterminées ; et dans les forêts particulières non protectrices, on est astreint au moins au maintien des pâturages boisés.

Dans le canton du Valais, une loi du 27 mai 1873 soumet les forêts particulières au régime forestier comme celle des communes. Toute coupe excédant un certain cube de bois doit être spécialement autorisée par le Conseil d'État.

Dans le canton de Vaud, les terrains boisés bordant les rivières, ou dont les produits en bois servent à l'entretien des travaux hydrauliques, soit en vertu de titres, soit en vertu de l'usage, ne peuvent être soustraits à leur destination sans autorisation. Les propriétés intéressées, en cas de travaux de boisement ou de régularisation, participent aux dépenses proportionnellement à la valeur de leurs terrains, sans que le total des sommes dues puisse dépasser la plus-value acquise par la propriété du fait des travaux (Loi du 20 novembre 1894).

On voit que, dans toutes ces législations qui ont fait l'objet d'une étude très complète due à M. Pierre Buffault, et présentée par lui au Congrès du Sud-Ouest navigable de Narbonne en 1904, n'intervient pas constamment le mot d'expropriation. L'expropriation reste, dans quelques-unes, le recours suprême devant le mauvais vouloir persistant d'un propriétaire, mais elle n'est pas le procédé normal pour éviter ou réparer le mal, et par là même l'efficacité de la loi est mieux assurée. « La loi de 1882, a dit M. Dussaut, par l'obligation qu'elle impose à l'État d'acheter à tout prix les terrains à restaurer, édicte sa propre impuissance. »

« Ce n'est pas seulement la loi qu'il faudrait changer,

me dit-on, ce sont surtout les mœurs et les idées. » C'est bien pourquoi j'estime qu'il n'est pas inutile, dans un pays épris de logique comme la France, de s'attaquer au principe même des erreurs d'ordre social, et d'en faire toucher du doigt les conséquences malfaisantes jusque dans le détail des faits concrets. Les Sociétés des « Amis de l'Arbre » ont entrepris à cet égard, une œuvre d'éducation excellente. Mais remarquons que, si elles se cantonnent avec raison sur un terrain très pratique, elles n'en contribuent pas moins à inculquer le principe que chacun n'a pas le droit de faire de sa propriété ce que bon lui semble.

« C'est ce droit d'user et d'abuser, écrivait Proudhon en 1868, que le siècle s'efforce de retenir et avec lequel il ne peut plus vivre, qui produit de nos jours la désertion de la terre et la désolation sociale. La métaphysique de la propriété a dévasté le sol français, découronné les montagnes, changé les rivières en torrents, empierré les vallées, le tout avec autorisation du Gouvernement; elle a rendu l'agriculture odieuse au paysan, plus odieuse encore la patrie; elle pousse à la dépopulation [1]. »

N'est-il pas instructif de voir le grand anarchiste parler ici contre la conception de la Révolution française, en conservateur authentique ?

Il n'est rien de moins révolutionnaire, en effet, que cette réaction qui s'est faite dans tous les pays civilisés, contre la conception « libérale » de la propriété. Les « réactionnaires » de la Restauration, à qui nous devons, dans un autre ordre d'idées, en hygiène publique, la loi draconienne de 1822 sur les mesures à prendre en temps d'épidémies, n'avaient pas au même degré que leurs successeurs,

[1] Cité par J. Reynard : *l'Arbre*, p. 196 (Clermont-Ferrand, Mont-Louis, éditeur, 1904).

le souci de « la liberté » pour elle-même, et le fétichisme d'un code « d'acquéreurs de biens nationaux, pressés de s'assurer leur proie ». Et, de nos jours, tous les hommes qui réfléchissent, à quelque école qu'ils appartiennent, sentent bien que la doctrine qui nie le droit d'abus est, en réalité, une doctrine essentiellement et profondément conservatrice.

En veut-on une preuve nouvelle? Qu'on relise une page toute récente qu'écrivait Maurice Barrès [1] après un séjour en Lorraine annexée. Sous la forme qui révèle les tendances propres et les préférences de l'écrivain, on reconnaîtra, à la réflexion des idées en étroite harmonie avec celles que nous suggère l'étude des problèmes du déboisement et des chutes d'eau :

« On sait que le génie démocratique français tend comme à un idéal à l'égalité de fait entre les citoyens. Le code napoléonien poursuit la division à l'infini des propriétés, déracine moralement et matériellement nos fils, nous limite à une œuvre viagère et supprime les familles chefs ou, si vous voulez, les influences indigènes. Au contraire, l'art social, selon les Allemands, c'est de fonder, de maintenir et de perpétuer des domaines où puissent se former des « autorités sociales ».

« Leur nouveau code fortifie la famille et la propriété terriennes; tandis que la France ne permet que des buts viagers, l'Allemagne cherche à allonger vers l'avenir les pensées fortes de ses citoyens. Elle favorise la reconstitution de la grande propriété en organisant les échanges de parcelles entre propriétaires; elle écoute et respecte, par delà la tombe, la volonté des morts; elle leur maintient ainsi une puissante activité posthume.

[1] MAURICE BARRÈS, *Les bastions de l'Est (Revue des Deux-Mondes,* 1er nov. 1904, p. 13).

« Un Alsacien-Lorrain ne meurt plus, comme il fût mort sous la loi française, en sachant que l'œuvre de sa vie va être détruite. Ni l'individu, ni la société n'y trouveraient leur compte. A défaut de la liberté absolue de tester, il trouve dans le nouveau code tout un *système de libertés*. Tandis que la loi française oppose mille difficultés aux fondations d'intérêt public, et interdit les fondations d'ordre privé, en Alsace-Lorraine, désormais, toutes les combinaisons d'ordre privé ou public sont possibles. Sans doute le Statthalter annulerait une fondation qui distribuerait des primes aux jeunes Alsaciens rejoignant l'armée française. Mais un Alsacien-Lorrain peut prendre telles dispositions qu'il lui plaira pour assurer des dots à ses filles, à ses petites-filles et à toute leur suite, pour favoriser ceux de ses descendants mâles qui choisissent une carrière déterminée, pour maintenir son industrie ou sa propriété, pour subventionner telles études ou tels plaisirs qu'il désigne. Il constitue un bien en argent ou en immeubles, il prend des arrangements qui rendent l'aliénation impossible, il nomme un conseil d'administration, et voilà sa volonté, son activité prolongée par delà sa mort. Il est mort, il agira encore, plaira, déplaira, interviendra, fécondera la vie.

« Une autre liberté que donne le nouveau code, c'est que, par-dessus la tête de ses enfants, l'Alsacien-Lorrain peut instituer héritiers ses petits-enfants, grevés à leur tour de substitutions fidéicommissaires au profit de leurs propres enfants. On assure ainsi la permanence de sa propriété familiale pendant trois générations. Puis un arrière petit-fils, si sa raison le lui conseille, prendra des mesures pour renouveler la substitution.

« On pourrait multiplier les preuves de cet esprit *constructeur* de la loi allemande, en opposition avec l'esprit niveleur et égalitaire, tranchons le mot, destructeur de notre législation. — Tandis que la France défend que l'on reste dans l'indivision plus de cinq ans, l'Allemagne permet de reculer le partage d'une succession à trente années. — L'Allemagne donne au père plus de latitude que chez nous, pour avantager un de ses enfants ou même un étranger. — En France, une donation faite de son vivant par le père à l'un de ses futurs héritiers ne comptera à celui-ci que jusqu'à concurrence de la quotité disponible au moment de la succession. En Allemagne, cette générosité ne sera pas décomptée, pourvu qu'elle ait précédé de dix ans au moins le décès du père.

« Je m'arrête, et je m'excuse de mettre ces faits sous les yeux de nos lecteurs. Feront-ils bâiller? J'avoue qu'ils m'emplissent d'enthousiasme. Ce sont les moyens d'un magnifique drame, les manœuvres les plus récentes et les plus savantes de la grande bataille germano-latine. Après les généraux, voici les juristes en présence, et vraiment les cartouches de dynamite les plus adroitement placées sont moins redoutables que ces ternes articles du code pour faire sauter la vieille et solide construction française en Alsace. »

Le contraste entre le code français et le code allemand est fortement saisi et nettement exprimé. Je reprocherai seulement à l'écrivain de paraître fournir des arguments où se raccroche l'esprit superficiel de certains de nos « libéraux », en ne disant pas assez explicitement, — ce qu'à vrai dire il laisse entendre, — que cette *liberté* laissée au propriétaire allemand n'est faite que du droit d'imposer des *servitudes*. Ce propriétaire sera, de par la loi, libre d'obliger son fils et son petit-fils à une certaine gestion de ses domaines : c'est parce que lui-même n'est pas libre de faire chez lui tout ce qui lui convient, étant lié par la volonté de son père et de son grand-père que la loi sanctionne. Ce propriétaire, libre de commencer une œuvre à grande portée, et d'en assurer la survivance, ne sera nullement libre, ni de faire de l'argent en pratiquant des coupes exagérées dans ses bois, que la loi défend contre lui; ni de répondre à un voisin qui veut faire passer des câbles électriques au-dessus de son champ, par un refus sans motif, alléguant que « charbonnier est maître chez lui » et qu'il n'a de comptes à rendre à personne. C'est précisément parce que le droit de l'individu sur sa propriété est limité en étendue, qu'il peut être prolongé dans la durée. L'enfant qu'on laisse libre de briser son jouet le premier jour n'aura pas longtemps la liberté de s'en amuser; un droit qui, dans la main de ses détenteurs successifs, est absolu, ne saurait être qu'un droit éphémère. Aussi bien la préoccupation de maintenir intact le droit de l'individu n'est-elle pas la raison, ou tout au moins le prétexte, sans cesse invoqué chez nous et ailleurs, pour interdire à l'individu jusqu'à la limitation volontaire de son droit de propriété au profit d'un être collectif destiné à lui survivre.

Nous sera-t-il permis de conclure, à l'heure où l'on soumet à revision l'œuvre grandiose, mais qui déjà date, de la codification de nos lois civiles, qu'il y aurait un intérêt national, autant qu'un intérêt industriel de premier ordre, à ce que les idées de notre code français sur le droit de propriété fussent mises en harmonie avec celles de nos voisins, à ce que le détenteur de la propriété, laissé plus libre d'allures dans son « pouvoir de construire », fût désormais sévèrement limité dans son pouvoir d'obstruction et de destruction ?

www.ingramcontent.com/pod-product-compliance
Ingram Content Group UK Ltd.
Pitfield, Milton Keynes, MK11 3LW, UK
UKHW021025200726
13857UKWH00004B/1585

9 782013 052832